Serginho Rodrigues

Nosso Amigo
FRANCISCO

EDITORA

Santuário

Direção Editorial: Pe. Fábio Evaristo R. Silva, C.Ss.R.

Coordenação Editorial: Ana Lúcia de Castro Leite

Revisão: Luana Galvão

Diagramação e Capa: Maurício Pereira

Ilustração: Wendell Rubio

Dados Internacionais de Catalogação na Publicação (CIP)
(Câmara Brasileira do Livro, SP, Brasil)

Rodrigues, Serginho
    Nosso amigo Francisco/ Serginho Rodrigues; [ilustração Wendell Rubio]. – Aparecida, SP: Editora Santuário, 2016.

    ISBN 978-85-369-0437-5

    1. Francisco, de Assis, Santo, 1181 ou 2-1226 – Literatura infantojuvenil 2. Santos cristãos – Biografia – Literatura infantojuvenil I. Rubio, Wendell. II. Título.

16-02800   CDD-028.5

Índices para catálogo sistemático:
1. Santos cristãos: Biografia e obra:
    Literatura infantojuvenil 028.5

1ª impressão

Composição, CTcP, impressão e acabamento:
Editora Santuário - Rua Pe. Claro Monteiro, 342
12570-000 – Aparecida-SP – Tel. (12) 3104-2000

Da cidade italiana de Assis,
certo dia, Deus chamou,
para ser seu mensageiro
e ensinar o mundo inteiro
a ser evangelizador,
um homem chamado Francisco,
exemplo de fé e amor.

Vamos saber neste livro
como tudo aconteceu.
Passar por momentos marcantes,
alguns dos mais importantes,
de tudo o que ele viveu.
Vamos "começar do começo",
do dia em que ele nasceu.

Em 1182 as aves anunciaram.
No dia 5 de julho
cantaram cheias de orgulho
e no telhado pousaram.
Ao verem o recém-nascido,
alegremente cantaram.

Conforme o tempo passava,
Francisco crescia e brincava.
De amarelinha e pega-pega,
de ciranda e cobra-cega
ele crescia e brincava.
Peralta, sagaz, curioso,
Francisco crescia e brincava.

O pai dele, seu Pietro,
sempre apegado à vaidade,
gostava de guardar riqueza,
tinha fartura na mesa,
era respeitado na cidade.
Mas não devemos julgá-lo,
pois não conhecia a verdade.

Já adulto gostava das festas,
de boa-vida e bem-estar.
Com seu grupo de amigos,
Francisco desafiava os perigos,
vivia nas mesas de bar.
E não dispensava o conforto
que o dinheiro podia comprar.

Sonhava em ser herói
e combater na Cruzada.
Ou em ser um bom cavaleiro
para correr o mundo inteiro
e lutar pela causa sagrada.
Houve então uma guerra local
e Francisco empunhou a espada.

9

E assim partiu para a guerra
para defender sua cidade.
Mas voltou para casa cedo,
mudado, confuso, com medo,
vencido pela enfermidade.
Contudo a febre abria
caminho para a santidade.

Sua mãe, dona Joana,
cuidou do filho querido.
Enquanto o rapaz descansava,
ela sentia que algo mudava
na vida que ele tinha escolhido.
Por isso rezou bastante
e seu pedido foi atendido.

Depois de recuperado
ele perambulou por Assis.
Dormiu no frio da calçada,
com fome, sozinho, sem nada,
como qualquer infeliz.
Aquilo mudou o moço
de "mestre" a aprendiz.

Certo dia, passeava
o nosso querido Santo,
quando viu que um leproso
de olhar gentil e bondoso
jogado estava num canto.
Francisco beijou-lhe o rosto
e o cobriu com o próprio manto.

Outra vez rezava na Igreja,
dedicada a São Damião,
quando Cristo, pregado na cruz,
envolto num raio de luz,
deu a ele esta missão:
reconstrua a minha Igreja
e a levante do chão.

Desde então, da loja do pai
pegava as sedas mais finas.
Os lindos tecidos bordados
vendia por alguns trocados
nas praças, nas ruas e esquinas.
E assim restaurou a Igreja
que estava caída, em ruínas.

Seu Pietro reprovou
a repentina mudança.
E disse: "Pare agora!
Se prefere a vida lá fora,
não terá sua herança".
E Francisco preferiu
o caminho da insegurança.

Despiu-se de todos os bens,
de tudo que tinha juntado.
E num ato de pura ousadia
até a roupa que vestia
entregou a um Pietro assustado.
E foi embora contente,
mesmo nu e deserdado.

17

Pelas ruas da cidade
abraçou de vez sua cruz.
Foi para aquela escuridão
curvar-se diante do irmão
e levar um pouco de luz.
Só aí ele entendeu
o pedido de Jesus.

O trabalho começou pequeno,
cheio de dificuldade.
Ao pobre levava comida,
curava a pele ferida
pelas ruas da cidade.
O exemplo chamou atenção
pela extrema simplicidade.

Alguns dos queridos amigos,
entendendo o recado,
também seguiram o caminho
para levar amor e carinho
ao pobre necessitado.
E assim ganhava força
o grupo abençoado.

Como a obra cresceu,
houve uma necessidade.
Por isso Francisco redigiu,
e todo o grupo seguiu,
regras para a comunidade,
para viver a obediência,
a pobreza e a castidade.

Com o simples papel manuscrito
partiram para a Santa Sé.
Eram eles valentes rapazes.
Eram valorosos, felizes, capazes
de seguirem a viagem a pé.
Pois queriam a bênção do Papa
e assim persistirem na fé.

O Papa Inocêncio Terceiro
aprovou o documento.
Ao dizer: "Bendita seja",
entregou à Santa Igreja,
naquele exato momento,
a Ordem dos Frades Menores
para ser um instrumento.

Instrumento usado por Deus.
Instrumento por Cristo marcado
com um selo de autenticidade,
comprovante de sua bondade,
Francisco teve o corpo gravado.
E tornou-se o primeiro cristão,
com as chagas, estigmatizado.

Francisco não nasceu Santo,
mas buscou o caminho do céu.
No fim da vida, mesmo cego e doente,
preservou-se com a força da mente,
embora enfermo foi sempre fiel.
Despediu-se cercado de amigos.
São Francisco cumpriu seu papel.

Foi morar no Reino de Deus
em 1226.
Juntou-se aos Santos e Anjos,
aos Serafins e Arcanjos,
em outubro, no dia 3.
E até hoje é lembrado
por tudo aquilo que fez.

Apenas dois anos depois,
reconhecendo os sinais,
o Papa Gregório Nono
canonizou o patrono
da natureza e dos animais.
Foi preciso pouquíssimo tempo
para o altar ter um Santo a mais.

E o seu dia, em 4 de outubro,
no mundo se perpetuou.
Nas Paróquias e Comunidades
além de missas e festividades
há homenagens a quem ensinou
que o Altíssimo é onipresente
e que, em Francisco, o Pai se mostrou.

Francisco amava o irmão sol,
amava a irmã lua.
Era um homem diferente,
amava o indigente,
aquele que vive na rua.
Foi tão grande o seu amor
que até hoje continua...

...em quem vive fazendo o bem,
em quem deixa a maldade de lado,
nos Franciscanos e nas Clarissas
e em todas as Santas Missas,
quando o nome do Papa é lembrado.
Está em quem ama Jesus
"o Amor que não é amado".

E, então, querida criança,
ele plantou a semente.
Vamos fazer o que diz
o bondoso Francisco de Assis
e cuidar do meio ambiente?
Vamos cuidar dos bichinhos,
e Deus ficará contente.

Este livro termina aqui.
Esperamos que tenha gostado.
Você pode seguir adiante,
prosseguir como um bom ajudante.
Deve amar e assim ser amado.
Desejamos que seja feliz,
um beijinho e muito obrigado.